AF591816

(1904 (Mai 2-3-4) 1905

SUCCESSION

DE

M. Achille LECLERCQ

ANTIQUAIRE

"A la Croix de ma Mère"

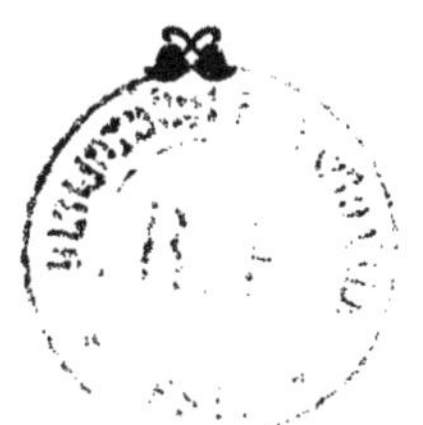

4e et dernière Vente

SUCCESSION

DE

M. Achille LECLERCQ

ANTIQUAIRE

"A la Croix de ma Mère"

❋

4e et dernière Vente

CONDITIONS DE LA VENTE

Elle sera faite au comptant.

Les acquéreurs payeront *dix pour cent* en sus des adjudications.

L'exposition mettant le public à même de se rendre compte de l'état des objets, aucune réclamation ne sera admise une fois l'adjudication prononcée.

CATALOGUE

DES

TAPISSERIES ANCIENNES

DES XVIIe ET XVIIIe SIÈCLES

BORDURES en ANCIENNE TAPISSERIE

TAPISSERIES AU POINT

ÉTOFFES ANCIENNES

Coupes — Chapes — Chasubles — Tapis

en Soies brodées et brochées — Satin — Velours de Gênes — Lampas — Damas, etc.

Franges —Galons — Objets divers

DÉPENDANT DE LA SUCCESSION DE

M. Achille LECLERCQ, Antiquaire

"A la Croix de ma Mère"

ET DONT LA VENTE, PAR SUITE DE DÉCÈS, AURA LIEU A PARIS

HOTEL DROUOT, Salle N° 2

Les 2, 3 et 4 Mai 1905

à deux heures

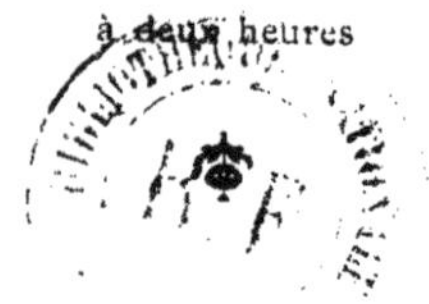

COMMISSAIRES-PRISEURS :

Me LAIR DUBREUIL
6, rue de Hanovre.

Me Henri SAULPIC
69, rue Sainte-Anne.

EXPERT : **M. A. LOYER,** 147, boulevard Saint-Germain.

EXPOSITION PUBLIQUE, Salles N°s 2 et 3

Le Lundi 1er Mai 1905, de 2 h. à 6 h.

TAPISSERIES

ANCIENNES

TAPISSERIES

1 — TAPISSERIE verdure d'Aubusson, représentant un paysage traversé par une rivière sur les bords de laquelle se trouve un moulin. Encadrement de bordure, à gerbes de fleurs et de feuillages. Époque Louis XIV.

Haut., 2 m. 85; larg., 2 m. 10.

2 — PANNEAU en tapisserie de la fabrique de Bruxelles, encadré de guirlandes de fleurs et de fruits. Époque Louis XIV.

Haut., 2 m. 85; larg., 1 m. 40.

3 — PANNEAU en tapisserie verdure d'Aubusson, encadré de bordures ornées d'arabesques et de fleurs. Époque Louis XIV.

Haut., 3 m. 00; larg., 1 m. 55.

4 — Panneau en tapisserie verdure flamande. Époque Louis XIV.

Haut., 2 m. 00; larg., 1 m. 90.

5 — Panneau en tapisserie, d'après les compositions de Bérain. Époque Louis XIV.

Haut., 1 m. 00; larg., 1 m. 10.

6 — Panneau en tapisserie verdure d'Aubusson. Époque Louis XIV.

Haut., 2 m. 30; larg., 0 m. 90.

7 — Panneau en tapisserie verdure d'Aubusson. Époque Louis XIV.

Haut., 2 m. 80; larg., 0 m. 75.

8 — Panneau en tapisserie verdure flamande. Époque Louis XIV.

Haut., 2 m. 70; larg., 0 m. 65.

9 — Panneau en tapisserie verdure. Époque Louis XIV.

Haut., 1 m. 55; larg., 1 m. 10.

10 — Portière en tapisserie verdure d'Aubusson, représentant un paysage animé de fleurs et d'oiseaux. Encadrement de bordures à guirlandes de fleurs. Époque Louis XIV.

Haut., 2 m. 80; larg., 1 m. 35.

11 — Tapisserie verdure d'Aubusson, paysage encadré de bordures à rinceaux. Époque Louis XIV.

Haut., 2 m. 50; larg., 1 m. 70.

12 — Tapisserie verdure d'Aubusson, encadrée de bordures à guirlandes de fleurs. Époque Louis XIV.

Haut., 2 m. 95; larg., 2 m. 05.

13 — PANNEAU en tapisserie d'Aubusson. Époque XVIIe siècle, bordures modernes.

Haut., 2 m. 75; larg., 1 m. 40.

14 — PANNEAU en tapisserie verdure. Époque XVIIe siècle.

Haut., 2 m. 65; larg., 1 m. 00.

15 — PANNEAU en tapisserie de Flandre, *le Départ pour la chasse*. Époque XVIIe siècle.

Haut., 2 m. 30; larg., 1 m. 70.

16 — TAPISSERIE verdure d'Aubusson, d'après les compositions d'Oudry. Époque Louis XV.

Haut., 2 m. 75; larg., 2 m. 35.

17 — TAPISSERIE d'Aubusson représentant un chasseur à l'affût. Époque Louis XV.

Haut., 1 m. 87; larg., 1 m. 75.

18 — TAPISSERIE verdure d'Aubusson, d'après les compositions de Pillement, entourée de bordures simulant un cadre. Époque Louis XV.

Haut., 2 m. 40; larg., 2 m. 85.

19 — TAPISSERIE verdure d'Aubusson, représentant un paysage chinois, à décor de pagodes et de clochetons, sur les bords d'une rivière où des oiseaux prennent leurs ébats. La bordure inférieure subsiste seule. Époque Louis XV.

Haut., 2 m. 40; larg., 2 m. 80.

20 — GRANDE TAPISSERIE de Felletain, représentant une composition décorative d'après les dessins de Pillement, encadrée de bordures à enroulement de fleurs. Époque Louis XV.

Haut., 2 m. 65; larg, 5 m. 00.

BORDURES EN TAPISSERIE

21 — Tapisserie d'écran à sujet de chasse, encadré de rinceaux et de fleurs, fabrique d'Aubusson. Époque Louis XV.

22 — Un montant de bordure de tapisserie italienne, à décor d'amours et d'attributs. Époque Louis XIII.

23 — Une traverse et un montant de bordures en tapisserie à décor de guirlandes de fruits sur fond jaune. Époque Louis XIV.

Environ 7 m. 50.

24 — Lot de petites bordures, dont une en tapisserie des Gobelins. Époque Louis XIV.

Environ 25 m. 50.

25 — Lot de bordures étroites. Époque Louis XIV.

Environ 45 mètres.

26 — Lot de diverses bordures en tapisserie d'Aubusson. Époque Louis XIV.

Environ 48 mètres.

27 — Lot de bordures à enroulement formant cadre, de différents dessins. Époque Louis XIV.

Environ 22 m. 50.

28 — Lot de bordures de tapisseries à divers dessins d'encadrement. Epoque Louis XIV.

Environ 20 mètres.

29 — TAPISSERIE d'écran à personnages, fabrique des Flandres. Époque XVIIe siècle.

30 — DEUX BORDURES en tapisserie à dessin d'encadrement. Style Louis XIV.

Environ 9 mètres.

31 — BORDURE en tapisserie de Beauvais, à dessin d'encadrement. Époque Régence.

Environ 1 m. 40.

32 — LOT DE MANCHETTES en tapisserie.

33 — LOT DE JOUES ET DE BANDES en tapisseries, provenant de siéges.

34 — UNE BANQUETTE ET CINQ SIÈGES en étoffe à fond bleu décoré de rinceaux et de fleurs et un lot de manchettes en tapisseries de diverses époques.

35 — TROIS ÉCUSSONS en tapisserie de la Savonnerie.

36 — QUATRE MORCEAUX de tapisserie de la Savonnerie.

37 — QUINZE MORCEAUX de tapisserie persane.

38 — LOT DE BORDURES d'encadrement à dessins jaunes.

Environ 13 mètres.

39 — LOT DE BORDURES diverses.

Environ 48 mètres.

40 — LOT DE BORDURES diverses.

Environ 57 mètres.

41 — LOT DE BORDURES diverses.

Environ 48 m. 50.

42 — LOT DE BORDURES diverses.

Environ 20 mètres.

43 — LOT DE BORDURES diverses.

Environ 22 m. 50.

44 — LOT DE BORDURES diverses.

Environ 12 mètres.

45 — LOT DE BORDURES diverses.

Environ 58 mètres.

46 — LOT DE BORDURES diverses.

Environ 42 mètres.

47 — VINGT MORCEAUX de tapisseries diverses.

48 — VINGT MORCEAUX de tapisseries diverses.

49 à 53 — CINQ LOTS DE MORCEAUX de bordures diverses.

54 à 60 — SIX LOTS DE MORCEAUX de tapisseries diverses.

61 à 72 — DOUZE LOTS DE MORCEAUX de tapisseries de diverses époques.

73-74 — DEUX LOTS DE MORCEAUX de tapisseries de provenances diverses.

75 — LOT DE TREIZE MORCEAUX de tapisseries modernes.

76 — LOT DE BORDURES et manchettes en tapisserie moderne.

TAPISSERIES AU POINT

77 — MONTANT en tapisserie au point, à grands dessins, sur fond noir. Époque Louis XIII.

Environ 2 m. 90.

78 — DESSUS DE LIT en tapisserie au point. Époque Louis XIV.

79 — DIX DOSSIERS et sièges en tapisserie au point. Époque Louis XIV.

80 — QUATRE TRAVERSES en tapisserie au point. Époque Louis XIV.

Environ 6 m. 90.

81 — UN MONTANT et une traverse en tapisserie au point. Époque Louis XIV.

Environ 8 mètres.

82 — ÉCRAN en tapisserie au point, à médaillon représentant des personnages. Époque Louis XIV.

83 — SIX TRAVERSES en tapisserie au point, à décor de rinceaux. Époque Louis XIV.

Environ 15 mètres.

84 — LOT DE SEPT LAMBREQUINS en tapisserie au point. Époque Louis XIV.

Environ 14 mètres.

85 — DEUX MONTANTS en tapisserie au point à décor de personnages et d'oiseaux. Époque Louis XIV.

Environ 4 mètres.

86 — Bordures étroites en tapisserie au point à décor de rinceaux et de fleurs. Époque Louis XIV.

Environ 13 mètres.

87 — Neuf bandes en tapisserie au point à décor de fleurs et de feuillages. Époque Louis XIV.

Environ 24 mètres.

88 — Deux bandes en tapisserie au point à bouquets de fleurs. Époque Louis XIV.

Environ 5 mètres.

89 — Trois sièges en tapisserie au point de dessins différents.

90 — Cinq sièges et quatre manchettes en tapisserie au point.

91 — Cinq sièges et quatre manchettes en tapisserie au point.

92 — Trois sièges en tapisserie au point de divers dessins.

93 — Lot de tapisseries au point de diverses époques.

ÉTOFFES

94 — Deux pièces de velours de Gênes fond rose à petits dessins. Époque Renaissance.

Environ 5 mètres.

95 — Lot de velours de Gênes à fond violet lamé d'or, et petits dessins de palmes et de fleurettes. Époque Renaissance.

Environ 5 mètres.

96 — Deux lambrequins en velours de Gênes, à dessin de bouquets de fleurs, entourés de galons d'or. Époque Renaissance.

Environ 5 m. 50.

97 — Deux tuniques, une chape et une chasuble en velours de Gênes à fond rouge lamé d'or et d'argent, entouré de galon d'or. Époque Renaissance.

Environ 17 mètres.

98 — Devant d'autel en velours de Gênes violet à petits dessins de palmes de même ton. Époque Renaissance.

99 — Six pièces de brocart de soie lamé d'argent à petits dessins sur fond de couleur. Époque Renaissance.

100 — Deux pet ts tapis en velours de Gênes à petits dessins. Époque Renaissance.

101 — Petit tapis en velours de Gênes, à fleurettes. Époque Renaissance.

102 — Six morceaux de velours de Gênes à petits dessins. Époque Renaissance.

103 — Quatre chasubles en velours uni et drap d'or. Époque Renaissance.

104 — Quatre pièces de brocart lamé d'or. Époque Renaissance.

105 Quinze pièces différentes en broderies sur fond de velours ou de soie. Époque Renaissance.

106 — Lot de broderies diverses. Époque Renaissance.

107 — DEUX BRODERIES italiennes. Époque Renaissance.

108 — LOT DE VELOURS uni de diverses nuances. Epoque Renaissance.

Environ 7 mètres.

109 — TROIS MORCEAUX de velours bleu. Époque Renaissance.

Environ 5 mètres.

110 — BANNIÈRE et chape en velours rouge uni. Époque Renaissance.

111 — QUATRE CHASUBLES en velours uni et drap d'or. Époque Renaissance.

112 — LOT DE BROCATELLE à décor de fleurs et de rinceaux, sur fond jaune. Époque Louis XIII.

Environ 16 mètres.

113 — DEVANT D'AUTEL, décoré d'applications de broderies polychromes sur fond de toile. Époque Louis XIII.

114 — CHAPE en damas vert à petits dessins. Époque Louis XIII.

115 — COUVERTURE en brocart fond bleu pâle lamé d'or orné de dessins à rinceaux de feuillages argent et de petites fleurs jaunes. Époque Louis XIII.

Environ 8 mètres.

116 — DEVANT D'AUTEL décoré d'applications de broderies polychromes sur fond de toile. Époque Louis XIII.

117 — CHAPE en damas vert à petits dessins. Époque Louis XIII.

118 — Lot de moire à rayures vertes et blanches. Époque Louis XIII.

Environ 28 mètres.

119 — Soie brochée à dessins de grands feuillages sur fond bouton d'or. Époque Louis XIV.

Environ 13 mètres.

120 — Quatre chasubles en velours uni et ornements de soie et de galons d'or. Époque Louis XIV.

121 — Soie brochée à dessins de fruits et de fleurs sur fond rose et bleu. Époque Louis XIV.

Environ 10 mètres.

122 — Deux bandes de velours de Gênes à fond rouge, à dessins de rinceaux et de larges fleurs. Époque Louis XIV.

Environ 4 m. 50.

123 — Lot de quatorze morceaux de velours de Gênes, fond rouge à grands dessins. Époque Louis XIV.

124 — Portière en brocatelle à grands dessins rouges sur fond or. Époque Louis XIV.

Environ 5 m. 50.

125 — Lot de morceaux de brocatelle rouge. Époque Louis XIV.

126 — Tapis en brocatelle à dessins jaunes sur fond jaune, entouré d'une petite frange jaune et verte. Époque Louis XIV.

Environ 3 mètres.

127 — Pièce de soie rouge avec applications de bouquets de larges fleurs en velours de Gênes rouge. Époque Louis XIV.

Environ 3 m. 50.

128 — Lot de damas rouge. Époque Louis XIV.

Environ 29 mètres.

129 — Lot de damas rouge. Époque Louis XIV.

Environ 63 mètres.

130 — Lot de quatre morceaux de soie brochée et de brocart à dessin de bouquets de diverses nuances. Époque Louis XIV.

131 — Soie brochée à dessin d'arabesques sur fond vieux rouge. Époque Louis XIV.

Environ 5 m. 50.

132 — Soie brochée fond bleu. Époque Louis XIV.

Environ 6 mètres.

133 — Tapis en brocatelle à dessins jaunes sur fond plus clair, entouré d'une petite frange jaune et verte. Époque Louis XIV.

Environ 3 mètres.

134 — Deux chapes en brocart d'or et d'argent. Époque Louis XIV.

135 — Lot de damas vert. Style Louis XIV.

Environ 81 mètres.

136 — Lot de brocatelle à fonds de dessins rouges sur fond or. Style Louis XIV.

Environ 25 mètres.

137 — Quatre morceaux de tapis en satin orné de broderies au point de chaînette. Époque XVIIe siècle.

138 — Lot de broderies au passé. Époque XVIIe siècle.

139 — Quatre pièces de brocart sur fond rouge et dessins d'or. Époque XVIIe siècle.

140 — Lot de damas. Époque XVIIe siècle.

141 — Cinq chasubles en brocart de diverses couleurs lamé d'or et d'argent. Époques XVIIe et XVIIIe siècles.

142 — Lot de damas de soie rouge à grands dessins. Époque Louis XV.

Environ 40 mètres dont deux coupes de plusieurs lés.

143 — Cinq chasubles de diverses couleurs, en brocart lamé d'or et d'argent. Époques XVIIe et XVIIIe siècles.

144 — Quatre chasubles en soie brochée, de diverses couleurs. Époques XVIIe et XVIIIe siècles.

145 — Quatre pièces de brocart ou de soie brochée. Époques XVIIe et XVIIIe siècles.

146 — Lot de satin broché et soie, fond bleu et vieux rose. Époque Louis XV.

Environ 13 mètres.

147 — Lot de soieries. Époques Louis XIV et Louis XV.

Environ 11 mètres.

148 — Soie à bouquets de fleurs. Époque Louis XV.

Environ 15 mètres.

149 — Lot de soie dauphine et gros de Tours, à bouquets de fleurs. Époque Louis XV.

Environ 18 mètres.

150 — Petit tapis en soie, fond crème, à bouquets de fleurs. Époque Louis XV.

151 — Robe en soie mauve, à bouquets. Époque Louis XV.

152 — Robe en soie mauve, à bouquets. Époque Louis XV.

153 — Soie brochée de couleur brique, à décor de bouquets. Style Louis XV.

Environ 6 mètres.

154 — Trois habits en velours uni. Époque Louis XV.

155 — Lot de soie brochée de velours brique, à bouquets. Style Louis XV.

Environ 6 mètres.

156 — Deux pièces de soie à rayures fond rose et bleu. Époque Louis XVI.

Environ 14 mètres.

157 — Lot de quatre pièces de soierie à rayure fond bleu et à bouquets. Époque Louis XVI.

Environ 16 mètres.

158 — Lot de soie fond bleu à rayures blanches et à bouquets. Époque Louis XVI.

Environ 14 mètres.

159 — Lot de trois pièces de dauphine fond rose et rayures blanches à fleurettes. Époque Louis XVI.

Environ 22 mètres.

160 — Lot de trois pièces de soie, gros de Tours. Époque Louis XVI.

Environ 5 mètres.

161 — Dauphine fond saumon, à fleurettes. Époque Louis XVI.

Environ 13 mètres.

162 — Trois pièces de dauphine. Époque Louis XVI.

Environ 7 mètres.

163 — Lot de soieries à rayures blanches, sur fond grenat. orné de bouquets. Style Louis XVI.

Environ 20 mètres.

164 — Lot de diverses soieries à rayures. Époque Louis XVI.

Environ 25 mètres.

165 — Robe en soie, à rayures vertes et fleurettes sur fond crème. Époque Louis XVI.

166 — Robe et jupe en satin bleu à rayures blanches et guirlandes de fleurs rouges et jaunes. Époque Louis XVI.

167 — Damas de soie bleue à dessins. Époque Louis XVI.

Environ 10 mètres.

168 — Robe en soie, à rayures vertes à fleurettes, fond crème. Époque Louis XVI.

169 — Robe et jupe en satin bleu à rayures blanches et guirlandes de fleurs rouges et jaunes. Époque Louis XVI.

170 — Velours grenat. Époque Louis XVI.

Environ 7 mètres.

171 — Quatre lambrequins en velours rouge uni. Époque Louis XVI.

172 — Velours uni bleu pâle. Époque Louis XVI.
Environ 11 mètres.

173 — Trois morceaux de velours uni et un lambrequin de velours bleu uni. Époque Louis XVI.
Environ 5 mètres.

174 — Velours uni de couleur vieil or. Époque Louis XVI.
Environ 9 mètres.

175 — Trois morceaux de velours rouge uni et un lambrequin de velours bleu uni. Époque Louis XVI.
Environ 5 mètres.

176 — Velours rouge uni. Époque Louis XVI.
Environ 8 mètres.

177 — Lot de six morceaux de velours de Gênes, fond rouge à petits dessins de bouquets de fleurs. Époque Louis XVI.
Environ 7 mètres.

178 — Lot d'étoffes en satin rose. Époque Louis XVI.
Environ 14 m. 50.

179 — Damas de soie bleue. Époque Louis XVI.
Environ 10 mètres.

180 — Six sièges en velours de Gênes à petits dessins. Époque Louis XVI.

181 — Lot d'étoffes en satin rose. Époque Louis XVI.
Environ 14 m. 50.

182 — Lot de quatre pièces de soie à petits dessins. Époque Louis XVI.

Environ 10 mètres.

183 — Soie à fleurs et rayures sur fond vert. Époque Louis XVI.

Environ 8 mètres.

184 — Soie à fleurs et rayures sur fond vert et crème. Époque Louis XVI.

Environ 12 mètres.

185 — Lot de soieries. Époque Louis XVI.

Environ 16 mètres.

186 — Lot de cinq pièces de soieries de différentes nuances. Époque Louis XVI.

Environ 14 mètres.

187 — Trois pièces de soie à fleurettes et rayures bleues, provenant d'une robe. Époque Louis XVI.

Environ 9 mètres.

188 — Deux pièces de soieries à rayures, fond rose et jaune. Époque Louis XVI.

Environ 13 mètres.

189 — Soie Pompadour. Époque Louis XVI.

Environ 10 mètres.

190 — Soieries fond vert à fleurs et rayures. Époque Louis XVI.

Environ 13 mètres.

191 — Soieries fond rose à fleurs et rayures. Époque Louis XVI.

Environ 11 mètres.

192 — Lot de soieries à rayures et fleurs sur fond vert. Époque Louis XVI.

Environ 13 mètres.

193 — Lot de sept pièces de soieries à fleurettes et entrelacs en moire blanche. Époque Louis XVI.

Environ 7 mètres.

194 — Lot de trois pièces de soieries à fleurettes et rayures bleues et blanches. Époque Louis XVI.

Environ 15 mètres.

195 — Deux chapes en soieries à rayures fond rose et vert. Époque Louis XVI.

196 — Trois pièces de soieries à rayures fond vert. Époque Louis XVI.

Environ 18 mètres.

197 — Trois pièces de soie à rayures fond rose. Époque Louis XVI.

Environ 21 mètres.

198 — Trois pièces de soie à rayures fond rose. Époque Louis XVI.

Environ 15 mètres.

199 — Deux pièces de soie fond bleu à rayures blanches. Époque Louis XVI.

Environ 14 mètres.

200 — Lot de trois pièces de soie fond rose à rayures blanches et bouquets. Époque Louis XVI.

Environ 17 metres.

201 — Trois pièces de soie fond rose à rayures blanches bouquets. Époque Louis XVI.

Environ 17 mètres.

202 — Trois pièces de soie fond crème à rayures roses et bouquets. Époque Louis XVI.

Environ 16 mètres.

203 — Trois pièces de soie fond rose, à rayures blanches et bouquets. Époque Louis XVI.

Environ 14 mètres.

204 — Trois pièces de soie fond vert à rayures blanches et bouquets. Époque Louis XVI.

Environ 16 mètres.

205 — Quatre pièces de soie fond lilas. Époque Louis XVI.

Environ 16 mètres.

206 — Soieries à bouquets et rayures vertes sur fond jaune. Époque Louis XVI.

Environ 6 m. 45.

207 — Lot de soieries à rayures violettes sur fond bleu. Style Louis XVI.

Environ 12 mètres.

208 — Lampas à décors de rinceaux et d'attributs blancs sur fond bleu. Style Louis XVI.

Environ 103 mètres.

209 — Lampas à décor de guirlandes de fleurs et de médaillons encadrant des amours, dessin crème sur fond vert. Style Louis XVI.

Environ 56 mètres.

210 — Lot de soieries. Style Louis XVI.

Environ 18 mètres.

211 — Lot de sept morceaux de velours de laine, de diverses nuances. Époque XVIIIe siècle.

212 — Lot de soieries diverses. Époque XVIIIe siècle.

213 — Lot de sept morceaux de velours de Gênes à petits dessins de palmes sur fond rose. Époque XVIIIe siècle.

214 — Lot de quatre morceaux de velours uni de diverses nuances. Époque XVIIIe siècle.

Environ 12 mètres.

215 — Lot de six morceaux de velours uni de diverses nuances. Époque XVIIIe siècle.

216 — Damas de soie de couleur amande, à grands dessins. Époque Empire.

217 — Selle en velours rouge à dessin de rosaces. Époque Empire.

218 — Habit, gilet, culotte en dauphine Louis XVI, et un gilet en drap écarlate orné de broderies d'or fleurdelysées. Epoque Restauration.

219 — Lot de diverses soieries. Époque Restauration.

Environ 4 mètres.

220 — Lot d'étoffes de soie et de satin de diverses époques.

Environ 18 m. 50.

221 — Lot de quatre pièces de soie à petits bouquets sur fond mauve.

Environ 15 mètres.

222 — Lot de trois pièces de dauphine à petits bouquets sur fond bleu quadrillé.

Environ 12 mètres.

223 — Lot de cinq pièces de dauphine fond rose à rayures blanches, guirlandes de fleurs et médaillons.

Environ 19 mètres.

224 — Lot de six portières en velours rouge uni, encadré de brocart rouge et or.

Environ 81 mètres.

225 — Lot de soie verte.

Environ 17 mètres.

226 — Trois pièces de velours d'Utrecht.

227 — Sept pièces de soieries diverses.

228 — Lot de damas bleu de diverses couleurs.

Environ 23 mètres.

229 — Lot de neuf morceaux d'étoffes diverses.

Environ 27 mètres.

230 — Lot de neuf morceaux d'étoffes diverses.

Environ 17 mètres.

231 — Lot de sept coussins en soie et velours ornés de broderies.

232 — Trois pièces de broderies.

233 — Lot de velours violet uni.
Environ 17 m. 50.

234 — Lot d'étoffes en satin bleu de diverses époques.
Environ 30 mètres.

235 — Lot de satin uni de diverses nuances.
Environ 34 mètres.

236 — Lot de faille bleue.
Environ 26 mètres.

237 — Robe de chambre en soie rouge à bouquet de fleurs.

238 — Chasuble et devant d'autel en velours de Gênes, fond blanc à petits dessins de fleurettes rouges.

239 — Lot de neuf morceaux de brocatelle et de damas.
Environ 15 mètres.

240 — Faille bleue à rayures.
Environ 19 mètres.

241 — Lot de treize morceaux de velours de Gênes de diverses époques, à dessins différents.

242 — Tapis en brocart, lamé d'argent, fond vieux rose, à dessin de bouquets de fleurs.
Environ 3 mètres.

243 — Lot de six morceaux de velours de Gênes, à fond vert, de diverses époques.

244 — Petit tapis en velours de Gênes, à petits dessins, sur fond bleu.

245 — Lot de cinq morceaux de velours imprimé, de diverses époques.

246 — TROIS MORCEAUX de velours uni, de diverses nuances.

Environ 15 mètres.

247 — DEUX TAPIS en velours jaune, à petits dessins verts.

Environ 16 mètres.

248 — TROIS MORCEAUX de velours à petits dessins.

249 — LOT DE SEPT PIÈCES de soie, en brocart d'or et d'argent, de diverses époques.

250 — VELOURS à petits dessins, sur fond havane.

Environ 12 mètres.

251 — TROIS PIÈCES de velours uni, de diverses nuances.

252 — PETIT TAPIS en brocatelle lamée d'or, à dessin oriental.

253 — TROIS COUVERTURES de lit en soie, et deux tapis en broderies de perles.

254 — ROBE en dauphine, fond vieux rouge, à rayures blanches et fleurettes.

255 — TAPIS en brocart à bouquets de fleurs, lamé d'argent, sur fond vieux rose.

256 — GRAND TAPIS en brocart, fond rouge, à fleurettes d'or, bordé d'une dentelle d'or ancienne.

Haut., 2 m. 15; larg., 2 m. 50.

257 — ROBE en dauphine, fond vieux rouge, à rayures blanches et fleurettes.

258 — LOT DE SEPT PIÈCES de broderies et un lambrequin de diverses époques.

259 — Lot de broderies au passé, sur fond de satin blanc.

Environ 9 m. 50.

260 — Lot de damas bleu, de divers dessins.

Environ 23 mètres.

261 — Robe de chambre en soie rouge, à dessin de bouquets de fleurs.

262 — Lot de diverses étoffes.

Environ 27 mètres.

263 — Lot de diverses étoffes.

Environ 17 mètres.

264 — Chape en brocart lamé d'argent, à décor de guirlandes de fleurs polychromes, sur fond saumon.

265 — Tapis en brocart lamé d'argent, sur fond vieux rose, à décor de bouquets de fleurs.

Environ 3 mètres.

266 — Lot de brocatelles et de damas de diverses époques.

Environ 15 mètres.

267 — Lot de faille bleue à rayures.

Environ 19 mètres.

268 — Lot de morceaux de soieries diverses.

269 — Lot de morceaux de soieries diverses.

270 — Lot de morceaux de soieries diverses.

271 — Soie dauphine à fond bleu.

Environ 6 mètres.

272 — Soie dauphine, fond vert et rose.

273 — Soie dauphine et faille de diverses nuances.

Environ 11 mètres.

274 — Soie brochée de diverses nuances.

275 — Six pièces de dauphine de diverses nuances.

Environ 8 mètres.

276 — Deux rideaux en satin, à dessin d'argent, représentant des sujets chinois.

Environ 10 mètres.

277 — Quatre sièges en gros de Tours, fond bleu, représentant des perdrix se cachant sous des bouquets de fleurs.

278 — Lot de sept pièces de broderies de diverses époques.

279 — Deux coussins au point de chaînette, à décor de guirlandes de fleurs.

280 — Lot de broderies au point de chaînette, sur fond de soie ou de satin.

281 — Lot de quinze pièces de soieries de diverses époques.

282 — Lot de soieries de diverses époques.

283 — Lot de sept pièces de broderies de diverses époques.

284 — Lot de faille bleue à rayures.

Environ 19 mètres.

285 — Lot de morceaux de soieries diverses.

286 — Lot de morceaux de soieries diverses.

287 — Lot de broderies diverses.

288 — Deux coussins au point de chaînette, décor à guirlandes de fleurs.

289 — Lot de soieries diverses.
Environ 26 mètres.

290 — Lot d'étoffes diverses.

291 — Lot de damas et de brocatelles de divers dessins.

292 — Lot de chasubles et de lambrequins.

293 — Lot de faille bleue.
Environ 26 mètres.

294 — Lot de velours violet uni.
Environ 17 m. 50.

295 — Petit tapis en brocatelle lamée d'or, à dessin oriental.

296 — Sept pièces de soie et de brocart d'or et d'argent, de diverses époques.

297 — Sept coussins en soieries ou en velours, ornés de broderies.

298 — Lot de soie verte, unie.
Environ 28 mètres.

299 — Lot de broderies diverses.

300 — Deux habits, gilet et culotte en velours havane uni, soutaché de galons d'argent.

301 — Lot de morceaux de velours de Gênes, de diverses époques.

302 — Lot de cinq pièces d'étoffes de soie, de divers dessins.

Environ 32 mètres.

303 — Lot de soieries de diverses époques.

304 — Lot de soieries de diverses époques.

305 — Lot de soieries de diverses époques.

306 — Lot de soieries de diverses époques.

307 — Deux chasubles en velours uni orné de broderies argent.

308 — Lot de morceaux de soieries diverses.

309 — Lot de morceaux de soieries diverses.

310 — Lot de broderies diverses.

311 — Lot de soie verte, unie.

Environ 28 mètres.

312 — Garniture de toilette en broderies brochées argent, et composée de : deux sachets, deux brosses, une trousse, deux boîtes à poudre, deux blaireaux et une pelote.

FRANGES

GALONS — GLANDS

313 — Franges vert pâle. Époque Renaissance.

Haut., o m. 14; larg., 6 m. 40.

314 — Franges rouge et jaune. Époque Renaissance.

Larg., o m. 25; haut., 3 m. 25.

315 — Franges de fil, blanches, à grilles. Époque Renaissance.

Environ 6 mètres.

316 — Lot de franges vertes. Époque Renaissance.

Haut., o m. 14; larg., 6 m. 40.

317 — Franges de fil, blanches, à grilles. Époque Renaisnaissance.

Environ 6 m. 25.

318 — Franges vertes. Époque Renaissance.

Environ 5 m. 60.

319 — Franges de diverses couleurs. Époque Renaissance.

Environ 9 m. 35.

320 — Franges rouges. Époque Renaissance.

Environ 3 m. 60.

321 — Lot de franges rouges à pompons. Époque Louis XIV.

Environ 5 mètres.

322 — Franges polychromes. Époque Louis XIV.

Environ 11 mètres.

323 — Franges à pompons verts, rouges et blancs. Époque Louis XIV.

Environ 12 mètres.

324 — Franges à pompons de diverses couleurs. Époque Louis XIV.

Environ 6 m. 30.

325 — Lot de franges de soie vertes et blanches. Époque Louis XVI.

Environ 14 mètres.

326 — Franges de soie, de couleur rouge, à pompons.

Environ 32 mètres.

327 — Lot de franges rouges de tons différents.

Environ 27 mètres.

328 — Petites franges vertes, à galons d'or.

Environ 9 mètres.

329 — Franges à grille, or et soie, de diverses couleurs.

Environ 14 mètres.

330 — Franges à grilles, en soie de couleur verte.

Environ 13 mètres.

331 — Lot de franges de soie rouge, de tons différents.

Environ 45 mètres.

332 — Lot de franges et de galons.

333 — Lot de franges, de galons et de dentelles d'argent, de diverses époques.

Environ 104 mètres.

334 — Lot de galons. Époque Renaissance.

Environ 158 mètres.

335 — Lot de galons de diverses couleurs. Époque Empire.

Environ 165 mètres.

336 — Lot de galons de diverses époques.

Environ 120 mètres.

337 — Lot de galons de diverses couleurs.

338 — Lot de galons et de dentelles en argent doré de diverses époques.

Environ 120 mètres.

339 — Lot de dentelles en argent de diverses époques.

Environ 39 mètres.

340 — Lot de galons et de dentelles en argent doré de diverses époques.

Environ 118 mètres.

341 — Lot de trente-deux glands de diverses époques.

342 — Lot de soixante-quinze glands de soie de diverses époques.

343 — Lot de soixante-treize glands de soie de diverses époques.

344 — Lot de cordelières modernes.

345 — Lot de morceaux d'étoffes diverses.

346 — Lot de galons dorés et argentés de diverses époques.

Environ 125 mètres.

347 — Lot de galons dorés et argentés.

Environ 100 mètres.

348 — Lot de galons dorés et argentés de diverses époques.

Environ 137 mètres.

349 — Lot de galons et de franges.

Environ 80 mètres.

350 — Lot de rosaces en velours et galons pour rideaux.

351 — Écusson brodé aux armes de la famille d'Orléans.

352 — Lot de vingt-six glands en soie et métal de diverses époques.

353 — Lot de soixante-quinze glands divers.

354 — Lot de galons rouges divers.

Environ 78 mètres.

355 — Lot de galons rouges et or.

Environ 114 mètres.

356 — Lot de glands modernes.

357 — Lot de glands modernes.

358 — Quatorze glands de diverses époques.

OBJETS VARIÉS

359 — Buste en marbre blanc représentant un empereur romain. Époque xviie siècle.

360 — Buste en terre cuite : portrait d'homme. Époque Restauration.

361 — Trois médaillons en marbre.

362 — Quatorze dessus de consoles en marbre de différentes couleurs.

363 — Tabouret à pieds tournés. Époque Louis XIII.

364 — Bois de paravent à quatre feuilles. Époque Louis XIII.

365 — Deux bois d'écran style Louis XIII.

366 — Deux chaises. Époque Louis XIII.

367 — Six chaises en acajou sculpté, garnies de velours rouge. Époque Louis XV.

368 — Lot composé de huit objets divers en bronze, de différentes époques.

17709. — Lib.-Imp. réunies, rue Saint-Benoît, 7, Paris.

www.ingramcontent.com/pod-product-compliance
Ingram Content Group UK Ltd.
Pitfield, Milton Keynes, MK11 3LW, UK
UKHW021528260726
13993UKWH00004B/1878

9 782329 550091